삶을 바꾸는 소요리 성경공부 시리즈 4

웨스트민스터
소요리문답

그리스도인의 신앙생활

정요한 지음

"사람의 제일 되는 목적은 무엇입니까?"라는 질문으로 시작되는 웨스트민스터 소요리문답은 우리가 믿는 기독교 신앙을 단순하고 명쾌하게 설명하고 있습니다. 1643년부터 1652년까지 영국 런던의 웨스트민스터 대성당에 많은 성직자들과 신학자들이 모여서 우리의 신앙을 정의하기 위한 회의가 열렸습니다. 그 결과로 웨스트민스터 신앙고백서가 작성되었고 이를 효과적으로 교육하기 위하여 대·소요리문답이 연이어 작성되었습니다. 이중 소요리문답은 신앙고백서의 내용을 교회에 처음 출석하는 초신자들과 어린이들에게 쉽게 교육하기 위하여 1647년 쓰였습니다.

우리가 믿는 기독교는 말씀의 종교입니다. 하나님께서는 말씀으로 세상을 창조하셨고, 스스로를 말씀을 통해 사람들에게 계시하셨습니다. 우리가 하나님을 바르게 믿고 바르게 행하기 위해서는 말씀을 잘 읽고 연구해야 합니다. 이를 위해 교회는 문답의 형식을 사용해서 하나님의 말씀을 가르치는 전통을 지켜 왔습니다. 웨스트민스터 소요리문답은 그런 요리문답의 전통 안에서 개혁교회가 가지고 있는 신앙의 내용을 가장 잘 알려 주는 문답서입니다.

사실 요리문답은 논리적으로 사람의 이성에 호소하는 것이기 때문에 어느 정도 딱딱할 수 있습니다. 그러나 믿음의 내용을 바로 아는 것의 유익은 이루 말할 수 없이 큽니다. 바로 알아야 바로 믿을 수 있으며 바로 행할 수 있기 때문입니다. 소요리문답의 내용도 같은 형식으로 구성되어 있습니다. 먼저 하나님에 대해서, 구원에 대해서 알아야 할 내용들을 제시하고 있습니다. 또한 중반 이후로는 이 신앙의 내용을 알게 된 사람들이 어떻게 살아야 할지를 제시하기 위해서 십계명과 성례, 주기도문에 대해서 가르치고 있습니다. 따라서 소요리문답의 내용을 잘 공부한다면 우리가 하나님과 믿음에 대해 반드시 알아야 할 내용들을 배우게 되며, 또한 그리스도인으로서 어떻게 살아야 할지에 대해서도 배우게 됩니다.

이 교재는 웨스트민스터 소요리문답의 내용을 일 년, 48주 동안 배울 수 있도록 구성했습니다. 각 문항들의 내용을 논리적으로 배울 뿐만 아니라 더 나아가 배운 내용을 삶 속에서 실천하기 위한 과제들을 제시하고 있습니다. 일 년 간 이 내용들을 잘 배우고 실천 과제들을 잘 해결한다면 이 땅에서 살아가는 동안 그리스도인으로서 하나님과 동행하는 삶을 살 수 있는 힘을 얻게 될 것입니다.

이 교재를 통하여, 하나님과 믿음에 대해 바르게 배울 수 있기를 바랍니다. 그리고 이를 통해 앎과 삶이 일치하는 그리스도인으로 자라갈 수 있기를 기대하면서 이 책을 시작합시다.

2014년 7월
저자 정요한

이 책의 활용법

요리문답의 가장 훌륭한 활용법은 질문과 답변을 통째로 암기하는 것입니다. 성경말씀을 암송하듯이 요리문답의 내용을 암기한다면 믿음과 삶에 큰 진보가 있을 것입니다. 아울러 다음과 같은 방법으로 이 교재를 활용할 수 있도록 구성하였습니다.

문항

소요리문답은 107개의 질문과 답변으로 구성되 있습니다. 단원 공부를 시작하기 앞서 먼저 각 문항을 가능하다면 암송을 하거나, 최소한 어떤 내용인지 숙지하도록 합니다. 어떤 내용이며 주제가 무엇인지 살펴보고 공부를 시작합니다.

읽어 봅시다

각 문항과 직, 간접적으로 관계가 있는 성경구절들을 읽어 봅니다. 성경구절은 가능하면 사건 위주로, 이야기로 구성되어 있는 구절을 선택하였습니다. 문답의 내용들이 성경에 어떤 방식으로 등장하는지 살펴봅니다.

생각해 봅시다

앞서 숙지한 각 문항의 내용과 읽은 성경구절을 가지고 종합적으로 그 내용이 어떤 의미를 가지고 있는지, 특별히 나와 내 삶과 어떤 관계를 가지고 있는지 먼저 생각해 봅니다. 제시된 질문들 이외에도 스스로가 질문을 던지고 생각해 봅시다.

내용연구

문항의 내용을 중점적으로 공부하는 코너입니다. 소요리문답은 성경구절들을 취합, 편집해서 그 내용을 구성하고 있습니다. 우선은 각 문항에 대해서 설명을 하고, 각 문항을 구성하는 근거가 되는 성경구절들을 찾아서 읽어 보고, 그 내용을 우리의 말로 다시 구성해 보는 식으로 편집했습니다. 이 부분을 잘 공부하면 성경의 중점적인 내용들을 습득할 수 있을 것입니다.

정리해 봅시다

내용을 다 공부했으면 이제 그것을 우리 자신의 말과 표현으로 다시 확인해 봅시다. 빈칸을 채우면서 문항의 내용을 다시 정리합니다.

실천해 봅시다

기독교의 진리는 이성적으로 배우는 것만으로는 완전하지 않습니다. 진리를 배웠다면 반드시 우리의 행동과 생각에 변화가 일어나야 합니다. '실천해 봅시다'에서는 각 문항을 공부해서 성경의 진리를 알게 되었다면 그것을 근거로 우리의 생각과 행동이 어떻게 변해야 할지 구체적으로 실천할 내용을 제시합니다. 일주일 간 반드시 실천해 보고 이를 통해 우리의 삶을 변화시키는 하나님 말씀의 능력을 경험합시다.

추천사

웨스트민스터 소요리문답은 지난 수백 년 간 장로교회가 사용해 온 가장 중요한 교리문답 가운데 하나입니다. 이 책은 다소 딱딱하게 느껴질 만한 문답의 내용을 스스로 생각하며 공부할 수 있도록 도와줄 것입니다. 신앙의 기초를 다지고 싶거나 새롭게 우리의 믿음을 확인하고자 하는 그리스도인들, 특히 청소년들에게 많은 유익을 줄 것으로 확신합니다.

– 김광열 교수, 총신대학교 신학과 조직신학

오늘날 기독 어린이, 청소년, 성인에 이르기까지 많은 성도들이 기독교의 기본 진리에 대한 이해가 부족한 것을 볼 수 있습니다. 매 주일마다 설교를 듣고, 주일학교에 다녀도, 성경의 기본적 진리에 대한 질문을 하면, 답을 못하는 경우가 많아 안타까움을 느끼곤 했습니다. 웨스트민스터 소요리문답을 자기주도적으로 학습할 수 있도록 발간된 이 교재가 기독교 진리의 기초를 쌓는 데 많은 도움이 되기를 바랍니다.

– 김희자 교수, 총신대학교 기독교교육과

차례

그 명령을 완전히 지킬 수 있는가?

제82문 누군가 하나님의 명령을 완벽하게 지킬 수 있는 사람이 있습니까?

답 타락한 이후로 평범한 사람은 이생에서 하나님의 명령을 완벽하게 지킬 수 없고 오히려 생각과 말과 행위에서 날마다 그 명령을 어깁니다.

제83문 하나님의 명령을 어긴 죄는 다른 죄들과 똑같이 가증스럽습니까?

답 어떤 죄들은 그 자체로, 또는 더욱 악한 것으로 발전되기에 명령을 어긴 죄는 하나님이 보시기에 다른 죄들보다 더 가증스럽습니다.

읽어 봅시다
사무엘하 11

다윗은 하나님의 마음에 합한 사람이었습니다. 하나님께 선택받아 지도자가 되었고, 전쟁에 나갈 때마다 승리하였으며 결국 이스라엘의 왕위에 오르게 되었습니다. 그러나, 이제 왕궁에 앉아서 평안하며 안전할 때, 부하들을 전쟁에 보내고 자신은 안락한 삶을 영위할 그때에 위기가 찾아옵니다. 부하의 아내를 사랑하여 범했을 뿐만 아니라 그 사실을 감추기 위해 그 부하를 전쟁터의 선봉에서 죽게 했던 것입니다. 하나님의 사람이라 해서 죄를 피할 수 있는 것이 아닙니다. 은혜로 구원받은 자들도 날마다 죄 가운데 살아갑니다.

- 소요리문답을 공부하는 여러분은 아마 구원받은 하나님의 자녀일 것입니다. 그렇다면 여러분의 삶은 하나님의 말씀에 절대 순종하는 삶을 살고 있습니까? 자신의 상태를 진단하고 서로 어떠한 상태인지 이야기해 봅시다.

계명을 지킬 능력

- 지금까지 구원받은 자들에게 주신 하나님의 계명을 살펴보았습니다. 이 계명의 내용을 다 듣게 된 후 드는 생각은 이걸 다 지킬 수 있을까 하는 두려움입니다. 사람을 죽이지 않고, 우상을 섬기지 않고, 도둑질하지 않는 것은 지킬 수 있을지도 모르지만, 마음의 상태에까지 계명을 지키기는 정말 어렵습니다. 누구나 한 번쯤이라도 다른 사람을 미워할 수 있고, 하나님보다 더 사랑하는 것이 생길 수도 있으며, 직접 도둑질하지 않아도 탐내는 마음을 품을 수 있기 때문입니다. 그렇기에 소요리문답은, 비록 구원받은 하나님의 백성이라 하더라도 하나님의 명령인 계명을 완전히 지킬 수 없다고 가르칩니다.

1. 완전히 계명을 지키며 범죄하지 않는 사람이 있는가 하는 문제에 대해서 성경이 무어라고 말씀하고 있는지 다음 구절들을 찾아서 써보고 서로 이야기해 봅시다.

    (1) 시편 130:3

    (2) 전도서 7:20

    (3) 갈라디아서 5:17

    (4) 요한일서 2:8, 10

2. 히브리서 4:15, 로마서 9:5을 읽어 보면 이 세상에는 오직 한 사람만이 계명을 완전히 지킬 수 있었습니다. 찾아서 읽어 보고 그 사람이 누군지 이야기해 봅시다.

3. 성경의 많은 위대한 인물들은 마치 하나님의 말씀에 완벽하게 순종했던 것처럼 느껴질 때가 있습니다. 그러나 그들도 다 허물 많은 죄인들이었습니다. 다음 구절들을 읽어 보고 어떤 사람이 어떤 죄를 저질렀는지 확인해 봅시다.

   (1) 창세기 20:2, 창세기 26:7

   (2) 창세기 27:24

   (3) 창세기 42:15

   (4) 시편 106:33

   (5) 사도행전 15:36~41

4. 특별히 성경은 적극적으로 하나님의 말씀을 거역하는 행위뿐만 아니라 우리의 마음에 품는 생각마저도 역시 계명을 어기고 범죄하는 것이라 가르칩니다. 마태복음 5:28과 15:19을 찾아서 읽고 우리의 마음은 어떠한 상태인지 서로 이야기해 봅시다.

가증스러운 죄악

- 이러한 죄악은 하나님 보시기에 가증스러운 것입니다. 비록 우리가 하나님의 은혜로 믿음을 얻어 구원에 이르렀다 하더라도, 여전히 우리 삶 가운데 죄를 짓고 있으며 그 죄는 우리가 믿는 신자라 하더라도 여전히 하나님 보시기에 가증스러운 것입니다. 이러한 우리의 상태를 잘 깨달아야 합니다. 구원파 이단은 구원을 받은 것으로 끝이며 그 이후에는 아무렇게나 살아도 상관없다고 가르치지만 우리의 구원은 끝이 아닌 시작입니다.

1. 이스라엘 백성들은 출애굽을 통하여 자신들을 구원하시는 하나님의 놀라우신 은혜를 목격하였습니다. 그럼에도 불구하고 그들은 곧 하나님을 배반하고 우상숭배에 빠졌습니다. 에스겔서 8:6, 13, 15을 읽어 보고 지금 우리의 마음과 행동은 어떠한가 확인합시다.

2. 소요리문답은 우리에게 어떤 죄악은 다른 죄악에 비해서 하나님 보시기에 더욱 가증하다고 가르칩니다. 어떤 죄악이 더욱 가증한 죄악인지 다음 성경구절들을 통해서 알아봅시다.

  (1) 사무엘상 2:25

  (2) 마태복음 11:20~24

  (3) 요한복음 19:11

정리해 봅시다

비록 우리가 하나님의 (   )로 (   )을 받았지만 우리는 여전히 (   ) 가운데 살며 하나님 보시기에 (   )스런 삶을 살고 있습니다.

실천해 봅시다

1. 구원받았음에도 아직 해결하지 못하는 습관적인 죄가 어떤 것인지 서로 이야기 해 봅시다.

2. 위의 습관적인 죄악을 짓지 않기 위해 한 주간 노력해 봅시다.

죄의 대가와 이를 피하는 법

제84문 모든 죄는 그 대가를 받아 마땅합니까?

답 모든 죄는 이생과 오는 세상에서 하나님의 진노와 저주를 받아 마땅합니다.

제85문 죄의 대가로 우리가 마땅히 받아야 할 하나님의 진노와 저주를 피하기 위해 하나님이 우리에게 요구하시는 것은 무엇입니까?

답 우리 죄의 대가로 받을 하나님의 진노와 저주를 피하기 위해 하나님이 우리에게 요구하시는 것은, 그리스도의 구속의 유익을 끼치시려는 모든 외적인 수단들을 사용하여 예수 그리스도 안의 믿음과 생명에 이르는 회개를 하는 것입니다.

읽어 봅시다

잠언 2:1~10

잠언은 하나님을 믿는 백성이 얻어야 할 지혜와 방법을 가르쳐 주는 글입니다. 잠언에서는 그 무엇보다도 하나님을 경외하며 따르는 자야말로 지혜로운 자라고 가르칩니다. 하나님께서는 어떠한 상황과 환경 가운데서도 자신을 따르고 찾는 자들을 결코 포기하지 않으십니다. 잠언을 통해서 삶의 지혜를 깨달읍시다.

• 우리는 예수를 믿고 구원받았다고 하지만 때로는 이전과 다를 바 없는 죄의 인생을 사는 것 같아 절망할 때가 있습니다. 그럴 때 그런 절망을 어떻게 이겼는지 서로 경험을 이야기해 봅시다.

계명을 어겼을 때

• 하나님은 죄를 미워하시는 분이십니다. 그분은 거룩하신 분이시며 죄와 함께 하실 수 없는 분이십니다. 그분은 자신의 백성들 역시 죄와 멀어지기를 원하시며, 죄를 벌하시는 분이십니다. 모든 죄는 그 결과로 하나님의 진노와 저주를 얻게 됩니다. 누구도 예외는 없습니다.

1. 어떤 사람들은 율법을 지킴으로 구원을 받을 수 있다고 생각합니다. 그들은 하나님을 믿는 믿음으로는 부족하며, 우리의 노력이 함께해야 한다고 말합니다. 야고보서 2:10은 이에 대해서 뭐라고 증거하는지 찾아서 읽어 봅시다.

2. 우리는 이미 죄의 삯은 사망이라고 배웠습니다. 로마서 6:23을 찾아서 읽고 외워 봅시다.

3. 죄인들이 겪을 저주와 비참함은 생명을 빼앗기는 죽음으로 그치는 것이 아닙니다. 죄를 짓는 자들에게는 영원한 고통이 예정되어 있습니다. 마가복음 25:41을 찾아서 읽어 보고 그것이 어떠한 상태인지 서로 이야기해 봅시다.

은혜의 방편

• 여기까지 공부한 우리들은 구원받았음에도 불구하고 하나님의 계명을 지키지 못하며 죄 가운데 빠져 있음에 절망할 수밖에 없습니다. 그러나 하나님은 자신

의 자녀들을 사랑하시되 끝까지 사랑하시는 분이십니다. 그분은 이미 우리가 나약하며 죄를 지을 수밖에 없고 하나님의 은혜가 필요한 존재들임을 알고 계십니다. 죄의 문제로 고민하며 고통받는 우리들을 위해 하나님께서는 죄로 인한 진노와 저주를 벗어날 수 있는 방법을 알려주셨습니다. 그것은 예수 그리스도를 믿으며, 생명에 이르는 회개를 하고, 그리스도께서 구속의 유익을 우리에게 끼치기 위해 주신 수단들을 부지런히 사용하는 것입니다.

1. 진노와 저주를 피하기 위해 예수 그리스도를 믿으라는 이유는 무엇일까요? 다음 구절들을 통해 알아봅시다.

   (1) 빌립보서 3:9

   (2) 사도행전 10:43

2. 진노와 저주를 피하기 위해 생명에 이르는 회개를 하라고 요구하시는 이유는 무엇일까요? 다음 구절들을 통해 알아봅시다.

   (1) 사도행전 3:19

   (2) 사도행전 2:38

3. 진노와 저주를 피하기 위해 예수 그리스도께서 우리에게 주신 수단은 무엇일까요? 우리가 신앙생활을 유지하기 위해 어떤 일들을 하고 있는지 서로 이야기해 봅시다.

죄의 결과는 하나님의 영원한 (   )와 (   )이지만, 예수 그리스도
를 믿는 (   )과 생명에 이르는 (   )와 예수님이 (   )의 은
혜를 우리에게 주시기 위해 사용하시는 여러 (   )들을 통해서 이를 피하
게 하십니다.

실천해 봅시다

1. 한 주간 습관적인 죄악들을 피하기 위해 노력하자고 지난 시간에 이야기했습니
   다. 그 결과가 어떤지 서로 이야기해 봅시다.

2. 습관적인 죄악을 피하기 위해 우리에게 필요한 방법은 믿음과 회개와 예수님이
   사용하시는 수단이라고 했는데 다음 한 주간 이를 어떤 식으로 사용할 수 있
   을지 생각해 보고 실제로 사용해 봅시다.

39과

은혜의 방편

제86문 예수 그리스도 안의 믿음은 무엇입니까?

답 예수 그리스도 안의 믿음은 구원의 은혜인데, 그에 따라 그가 우리에게 주신 복음대로, 우리는 그분 한 분만을 받아들이고 의지함으로 구원을 얻습니다.

제87문 생명에 이르는 회개는 무엇입니까?

답 생명에 이르는 회개는 구원의 은혜인데, 그에 따라 죄인이 자신의 죄에 대한 참된 자각과 그리스도 안에 있는 하나님의 자비하심을 깨달아, 자신의 죄를 비탄하며 미워하고, 굳은 결심과 노력과 새로이 순종함으로 하나님께 돌이키는 것입니다.

제88문 구속의 유익을 우리에게 전달하기 위하여 그리스도께서 쓰시는 외적인 방법들은 무엇입니까?

답 구속의 유익을 우리에게 전달하기 위하여 그리스도께서 쓰시는 외적인 그리고 통상적인 방법들은 그분의 규례들인데, 특별히 말씀과 성례와 기도이며 이는 모두 구원받기로 선택된 자들에게 효력이 있습니다.

읽어 봅시다

시편 51

시편 51편은 다윗이 밧세바와 간음한 후 나단 선지자의 책망을 받고 지은 시입니다. 다윗은 이 시를 통해서 자신의 죄를 철저히 회개하고 구원의 기쁨을 회복시켜 주시기를 하나님께 간청하고 있습니다. 이렇듯 회개는 단지 죄를 고백하는 것에서 그치지 않고 적극적으로 하나님께로 돌이켜 더 이상 같은 죄를 반복하지 않는 것을 포함합니다. 우리가 날마다 짓는 죄들을 슬퍼하며 그 죄로부터 돌이킬 힘 주시기를 하나님께 요청합시다.

생각해 봅시다

- 죄를 짓지 않기 위해 한 주간 노력했나요? 그 노력의 결과는 어땠습니까? 내 의지로 되지 않는 일을 만났을 때에 우리는 무엇을 의지해야 할지 서로 이야기해 봅시다.

은혜의 방편 1, 믿음

- 죄를 벗어나려고 아무리 노력해도 우리의 노력은 한계가 있으며 죄에서 벗어나게 할 수 없습니다. 우리는 오직 하나님을 의지해야 합니다. 하나님께서는 연약한 우리들을 위해 세 가지 은혜의 방편을 주셨는데, 그것은 첫 번째로 믿음입니다. 그리스도를 믿는 자들은 하나님께서 은혜를 주셔서 죄에서 벗어나게 하십니다.

1. 우리는 믿음으로 의인이 됩니다. 로마서 3:22을 읽고 이 말이 어떤 의미이며 이 의는 어디서 오는지 서로 이야기해 봅시다.

2. 디도서 1:1과 사도행전 13:48을 읽고 어떤 사람이 믿음을 가지게 되는지 서로 이야기해 봅시다. 그리고 이 믿음은 우리의 행위인지 하나님의 은혜인지도 이야기해 봅시다.

은혜의 방편 2, 회개

- 회개는 구원의 은혜입니다. 죄인이 자기의 죄와 하나님의 자비하심을 깨닫고 결심하고 노력하며 순종하여 하나님께로 돌이키는 것이 회개입니다. 기억해야 할 것은 죄를 깨닫고 하나님의 자비하심을 의지하는 것만으로는 완전한 회개가 아니라는 것입니다. 반드시 굳은 결심과 계속적인 노력과 새로운 순종으로 죄를 향하여 가던 길을 멈추고 하나님께로 돌이켜야만 제대로 된 회개가 일어

난다는 것을 기억하고 실천해야 합니다.

1. 사도행전 11:18, 에스겔서 18:21, 고린도후서 7:10을 찾아서 읽어 보고 왜 이런 죄의 자각과 하나님께로의 돌이킴을 '생명에 이르는' 회개라고 하는지 알아봅 시다.

2. 에스겔 36:26, 27을 읽고 생명에 이르는 회개는 결국 누구로부터 오는 것인지 알아보고 하나님이 그렇게 해주시기를 기도합시다.

은혜의 방편 3, 그리스도께서 사용하시는 통상적인 외적 수단들

• 믿음과 회개와 함께 하나님이 우리에게 주시는 은혜의 방편들 가운데 하나는 예수 그리스도께서 사용하시는 통상적인 외적 수단들인데, 바로 말씀과 성례 와 기도입니다. 이 수단들은 말 그대로 '외적'이어서 우리가 직접 경험하고 실천 할 수 있는 것들입니다. 우리는 이를 실천함으로 죄에서 멀어질 수 있고 하나님 의 은혜를 풍성하게 누릴 수 있습니다.

1. 먼저, 이런 수단들을 사용하는 자체가 우리를 구원에 이르게 할 수 있을까요? 골로새서 2:20~23을 찾아서 읽어 보고 이런 행위가 구원받음에 어떤 효력이나 유익이 있는지 이야기해 봅시다.

2. 베드로전서 1:23을 읽고, 우리의 구원의 효력은 결국 어디서 오는 것인지 서로 이야기해 봅시다.

정리해 봅시다

죄인들을 구원하시기 위해 하나님이 우리에게 은혜로 주신 방법은(   ) 과 (   )와 (   )과 (   )와 (   )인 그리스도의 통상적인 수단들입니다.

실천해 봅시다

1. 보통 교회들에서는 추수감사절 즈음 세례와 성찬을 시행합니다. 아직 세례나 학습이나 입교를 받지 못한 사람들이 있다면 지난 39주간 배운 소요리 문답을 통해 알게 된 믿음을 고백하는 성례에 참여하도록 신청합시다.

2. 습관적인 죄를 짓지 않기 위해 지난 두 주 간 노력했습니다. 다음 한 주는 그 죄로부터 돌이켜 반대로 하나님께 순종하는 것이 어떤 일인지 생각해 보고 실천합시다.

그리스도의 방법, 말씀

제89문 말씀이 어떻게 구원을 위한 효력이 됩니까?

답 하나님의 성령께서는 말씀을 읽고, 특별히 말씀을 설교하는 것을 죄인들이 깨닫게 하고 돌이키게 하며, 믿음을 통한 구원으로 그들을 거룩과 평안함으로 세우는 데 효과적인 방법으로 사용하십니다.

제90문 어떻게 해야 말씀을 읽고 듣는 것이 구원을 위한 효력이 됩니까?

답 말씀이 구원의 효력이 되려면, 우리는 부지런함과 준비와 기도로 말씀에 참여해야 하며, 믿음과 사랑으로 말씀을 받아들이고, 말씀을 우리 마음에 두며, 우리 삶에 말씀을 연습해야 합니다.

읽어 봅시다

이사야 1:1~15

하나님께서는 이사야 선지자를 통하여 이스라엘의 죄상을 낱낱이 알려주시고 이에서 돌이킬 것을 명령하십니다. 하나님의 말씀은 때때로 날카로운 칼같이 우리의 마음에 파고들어 죄악을 파해칩니다. 그러나 그것은 외과의사의 수술칼과 같아서 우리를 해치는 것이 아닌 우리의 병을 낫게 하는 칼입니다. 이사야가 전한 하나님의 말씀도 날카로운 칼과 같았지만 이스라엘 백성이 어떻게 하면 죽음을 피하고 삶을 얻을 수 있을지 가르치는 말씀이었습니다. 귀 있는 자는 들어야 합니다.

- 회개를 원하고 죄를 떠나기 원한다면 먼저 죄가 무엇인지 알아야 합니다. 내 삶 가운데 어떤 행위나 생각이 죄임을 어떻게 알 수 있을지 서로 이야기해 봅시다.

하나님 말씀의 효능

- 하나님의 말씀에는 능력이 있습니다. 그것은 죄인으로 하여금 죄를 깨닫게 하고 거룩과 평안함의 방법을 알려줍니다. 하나님의 말씀을 읽고 듣는 사람들은 죄가 무엇인지 깨닫게 됩니다. 이전에 죄인지 모르고 행하던 일들도 하나님의 말씀을 통해서 그것이 죄라는 것을 알게 됩니다. 뿐만 아니라 죄를 깨닫고 회개하는 자들에게 믿음을 주고 경건을 얻게 합니다.

1. 성경은 우리에게 이러한 효력을 발휘하기 위해 어떻게 해야 한다고 가르치는지 다음 구절들을 통해서 알아봅시다.

   (1) 신명기 17:19, 요한복음 5:39

   (2) 이사야 55:3, 고린도전서 1:21

2. 죄에 대해서 성경이 어떻게 작용하는지 다음 구절들을 찾아서 이야기해 봅시다.

   (1) 고린도전서 14:24, 25

   (2) 시편 19:7

3. 하나님의 말씀은 죄를 깨달은 자들이 거룩한 삶을 살게 합니다. 어떻게 그렇게 하는지 다음 구절들을 통해 알아봅시다.

   (1) 베드로전서 2:2

(2) 디모데후서 3:16, 17

(3) 고린도후서 10:4, 5

(4) 시편 119:9

4. 또한 하나님의 말씀은 선택받은 자들이 구원에 이르도록 역사합니다. 로마서 1:16을 찾아서 써봅시다.

읽고 들어야 할 하나님의 말씀

• 하나님의 말씀이 우리 안에서 역사하려면 우리는 그것을 잘 읽고 들어야 합니다. 매일 성경 읽기를 실천하고 예배시간에 선포되는 설교 말씀에 귀기울여야 합니다. 뿐만 아니라 읽고 들은 말씀을 우리 삶에 적용하고 실천하기 위해서 노력해야 합니다. 그러기 위해서 말씀을 읽고 들을 때 준비가 필요합니다.

1. 하나님의 말씀을 듣고 읽기 전에 갖추어야 할 준비는 어떤 것입니까? 다음 구절들을 찾아서 읽어 보고 그러한 준비를 갖추고 성경을 읽고 설교를 듣는지 내 자세를 점검해 봅시다.
   (1) 사도행전 10:33

   (2) 베드로전서 2:1, 2

   (3) 잠언 8:34

2. 이런 준비를 갖추었다면 이제 성경을 읽고 설교를 들을 때의 태도를 바로 해야

합니다. 성경은 어떤 태도를 가지고 말씀을 읽고 들어야 하는지 우리에게 가르쳐 줍니다. 다음 구절들을 통해서 알아봅시다.

(1) 잠언 2:1, 2, 5

(2) 베드로후서 1:21

(3) 시편 119:159, 167

3. 말씀을 읽고 설교를 들었다면 그 후에 우리는 어떤 태도를 취해야 할까요? 다음 구절들을 통해서 알아봅시다.

(1) 시편 119:11

(2) 야고보서 1:22, 25

정리해 봅시다

구원의 효력을 끼치기 위해 그리스도께서 사용하시는 첫 번째 방법은 하나님의 (   )을 읽고, (   )를 듣는 것입니다.

실천해 봅시다

1. 소요리 성경공부를 처음 시작하면서 매일 정해진 분량의 성경을 읽기로 작정했었습니다. 작정대로 잘 읽었는지 점검하고 다음 한 주는 빠지지 말고 하나님의 말씀을 읽고 듣기 위해 노력합시다.

2. 예배시간, 특히 설교를 듣는 자세를 점검하고 바른 자세로 집중해서 설교를 듣기 위해 노력합시다.

그리스도의 방법, 성례

제91문 성례를 행함이 어떻게 구원에 있어 효과적인 방법이 됩니까?

답 성례가 구원의 효과적인 방법이 되는 것은 그 자체나 성례를 행하는 자의 어떤 덕 때문이 아니라 오직 믿음으로 그것을 받는 자들 안에서 그리스도의 복 주심과 그분의 성령님의 일하심 때문입니다.

제92문 성례란 무엇입니까?

답 성례는 그리스도에 의해 세워진 거룩한 예식인데, 이 안에서 눈에 보이는 표지들로 인해 그리스도와 새 언약의 유익들이 믿는 자들에게 다시 나타나고, 인쳐지고, 적용되는 것입니다.

제93문 신약의 성례는 무엇입니까?

답 신약의 성례는 세례와 성찬입니다.

읽어 봅시다
사도행전 8:9~24

초대교회 사도들이 행하는 이적을 보고 어떤 사람들은 그 이적 자체를 흉내 내서 자신들도 능력 베풀기를 원했습니다. 그러나 진정한 하나님의 능력은 이적 자체에 있는 것이 아니라 하나님을 믿는 믿음과 거룩하게 살려고 노력하는 경건에 있습니다. 결국 돈으로 능력을 사려 했던 시몬, 시몬 마구스는 영지주의 이단의 시조가 됩니다. 경건의 능력이 아닌 능력 자체에의 관심은 우리를 잘못된 길로 이끕니다.

생각해 봅시다

- 우리가 행하는 예식, 예배나 세례나 성찬은 우리들의 신앙에 어떤 의미가 있습니까? 예배나 성찬에 거룩하고 기쁜 마음으로 참여하고 있습니까?

성례의 능력

- 성례에 대해서 설명하면서 소요리문답은, 먼저 성례의 능력이 그 예식 자체나 예식을 집례하는 사람에게서 나오는 것이 아니라는 것을 분명히 합니다. 우리는 때때로 교회의 예배나 성례나 절기나 예식이 그 자체로 어떤 거룩한 능력을 가졌다고 생각합니다. 그러나 사실은 그렇지 않습니다. 하나님께서는 예식 자체에 의미를 두는 것을 싫어하십니다. 예배나 성례가 하나님의 능력이 되는 것은 오직 그것을 그리스도께서 정하셨기 때문입니다.

1. 고린도전서 3:6~7을 읽어 보고 하나님의 일에 우리가 어떻게 참여할 수 있는지 생각해 봅시다.

2. 성례가 구원의 효과적인 방법이 될 수 있는 이유에 대해서 성경은 무엇이라고 가르치는지 다음 구절들을 통해서 알아봅시다.

   (1) 마태복음 28:20

   (2) 고린도전서 12:13

눈으로 볼 수 있는 표지

- 우리는 다른 어떤 것들보다도 더욱 성례를 통해서 하나님의 은혜를 눈으로 볼

수 있고 몸으로 체험할 수 있습니다. 마치 결혼의 언약을 눈으로 볼 수 있게 해주는 것이 결혼반지와 혼인서약서, 혼인신고 후 가족관계증명이듯이, 하나님의 새 언약, 그리스도를 통해 구원하시겠다는 언약이 우리에게 이루어졌음을 눈으로 보여주는 표지가 바로 성례입니다. 하나님께서는 이 성례들로 우리가 구원받았음을 알려주시고 구원의 능력을 우리에게 적용하십니다. 성례는 보이지 않는 은혜에 대한 보이는 표지입니다.

1. 출애굽하는 이스라엘 백성들에게 하나님은 그들의 주인과 하나님 되심을 눈으로 볼 수 있는 표지를 주셨습니다. 그것이 무엇인지 다음 구절들을 통해 알아봅시다.

    (1) 출애굽기 13:21, 22

    (2) 출애굽기 16:14~18

2. 그리스도께서 정하신 성례가 어떻게 우리에게 언약의 혜택을 끼치는지 다음 구절들을 읽어 보고 생각해 봅시다.

    (1) 창세기 17:10

    (2) 로마서 4:11

두 가지 성례, 세례와 성찬

- 가톨릭에서는 7성사를 이야기합니다. 즉 세례, 견진, 성체, 고해, 병자, 성품, 혼인성사가 그것입니다. 그 밖에도 여러 가지 준성사들을 제정하여서 7성사에 버금가는 효력을 끼친다고 가르칩니다. 그러나 그리스도께서 친히 받으시고 제정

하신 성사는 두 가지입니다. 요단강 가에서 세례 요한에게 직접 세례를 받으셨고, 십자가를 지시기 전날 밤 제자들과 성찬을 행하셨습니다. 그 밖의 다른, 구원의 은혜를 적용하는 성사는 없습니다.

1. 마가복음 1:9~11을 읽어 보고 예수님께서 어떻게 세례 받으셨고 무슨 일이 있었는지 이야기해 봅시다.

2. 마태복음 26:26~30을 읽고 예수님이 정하신 성찬식에 대해서 알아보고 어떻게 행해야 하는지 이야기해 봅시다.

정리해 봅시다
(   )는 그리스도께서 직접 제정하신 예식인데, (   )와 (   )의 두 가지가 있습니다.

실천해 봅시다
이 과를 공부할 때 즈음이면 추수감사절이 다가왔을 것입니다. 많은 교회들에서 추수감사절에 세례와 성찬을 베풉니다. 하나님에 대한 믿음을 고백하고 세례를 받았으면 경건하게 준비하여 성찬에 참여합시다.

세례란 무엇인가?

제94문 세례란 무엇입니까?

답 세례는 성부와 성자와 성령의 이름 안에서 물로 씻음으로, 우리가 그리스도께 접붙여졌으며 은혜 언약의 유익들에 참여하며 주님의 것이 되기를 상징하고, 인치는 성례입니다.

제95문 세례는 어떤 사람에게 베풀어집니까?

답 세례는 보이는 교회 밖에 있는 자들에게는 그들이 그리스도에 대한 믿음과 순종을 고백하기 전까지 베풀지 않습니다. 다만 보이는 교회 일원들의 유아들에게는 베풉니다.

읽어 봅시다

출애굽기 14:13~30

출애굽한 이스라엘 민족이 가장 처음 만난 어려움은 홍해와 애굽 군대 사이에 갇히게 된 것입니다. 하나님은 그들 앞의 홍해를 가르시고 물 가운데로 그들을 지나가게 하셨습니다. 이는 이전에 애굽 땅에서 살던 인생과의 결별이자 앞으로 하나님 백성으로서의 삶을 시작하는 지점이었습니다.

- 세례를 받았습니까? 세례를 받은 후에 내 인생에 어떤 변화가 생겼습니까? 생겼다면 어떤 변화가 생겼는지, 그렇지 않다면 왜 변하지 않는지 생각해 봅시다.

세례

- 세례는 죄 씻음의 상징적인 표현입니다. 하나님이 선택하신 백성들을 구원하실 때, 그들의 죄를 씻으시는데 세례가 이를 상징적으로 보여줍니다. 이스라엘 백성이 출애굽할 때, 이전 애굽에서 살던 인생을 끝내고 새로이 하나님의 언약 백성으로의 여정을 출발할 때 백성 전체가 홍해의 물 가운데를 지나감은 이를 잘 보여주고 있습니다. 한 가지 오해하지 말아야 할 것은 세례라는 의식 자체에 어떤 의미가 있는 것이 아닙니다. 다만, 이미 그리스도에게 접붙여지고 은혜의 언약 안에 들어간 사람들에게 세례를 베풀어서 그들이 하나님의 언약 백성임을 보여주고 확증해 주는 것입니다. 세례는 우리가 자신의 백성이라고 도장 찍어 주시는 하나님의 은혜입니다.

1. 세례는 누구의 이름으로 받아야 하는지 마태복음 28:19을 읽어 보고 이야기해 봅시다.

2. 요한복음 15:5, 로마서 11:17을 읽고 하나님의 은혜로 우리와 그리스도가 어떤 관계에 들어가게 되는지 알아봅시다.

3. 세례를 받음으로 우리가 누리게 될 하나님의 은혜 언약의 혜택은 어떤 것들입니까?

(1) 마태복음 28:19

(2) 사도행전 2:38

(3) 갈라디아서 3:26, 27

(4) 디도서 3:5

(5) 로마서 6:4, 5

4. 로마서 6:4~11을 읽고 세례를 받은 자들은 어떻게 해야 하는지 이야기해 봅시다.

세례의 대상

• 소요리문답 95문은 세례 받을 사람들의 자격을 말하지 않고 세례 받지 못하는 사람들이 누구인지를 먼저 이야기합니다. 그것은 세례가 하나님 앞에서 너무나도 중요하고 소중한 의식이기 때문입니다. 그 의식에 참여하지 못하는 사람들을 먼저 언급함으로서 아무나 세례받지 못한다는 사실을 더욱 강조하는 것입니다. 아울러서 유아세례에 대해서 설명하고 있습니다. 이스라엘 민족이 태어난지 8일 만에 자신의 의지와는 상관없이 할례를 받고 언약 백성이 되었던 것처럼 새로운 언약 백성들의 자녀들도 하나님의 은혜의 대상임을 분명히 합니다. 구원은 우리의 의지와 노력에서 오는 것이 아니라 하나님의 은혜의 결과이기 때문입니다.

1. 세례를 받을 수 없는 사람은 누구입니까?

(1) 에베소서 2:12

(2) 마가복음 16:15, 16

2. 창세기 17:7, 10을 읽어 보고 성경이 말하는 유아세례에 대해서 이야기해 봅시다.

정리해 봅시다

(   )는 그리스도에 접붙혀져 은혜를 누리게 된다는 상징입니다. (   )의 일원이 아닌 자들은 받을 수 없으나 가시적 교회 일원의 (   )들은 받을 수 있습니다.

실천해 봅시다

마태복음 28:19을 읽고 세례 받을 자를 얻기 위해 전도하는 한 주가 됩시다. 다음 주에는 한 사람당 한 명씩 교회 다니지 않는 친구를 전도해 함께 옵시다.

성찬이란 무엇인가?

제96문 주님의 성찬이란 무엇입니까?

답 주님의 성찬은 그리스도께서 정하신 대로 빵과 포도주를 주고 받음으로 그분의 죽으심을 나타내는 성례이며, 이를 합당하게 받는 자들은 육체나 정욕의 방식을 따르지 않고 믿음으로, 그분의 살과 피에 참여자가 되며 그분의 모든 유익과 함께 영적인 양식을 얻고 은혜 안에서 자라갑니다.

제97문 주님의 성찬에 합당하게 참여하기 위해 요구되는 것은 무엇입니까?

답 주님의 성찬에 합당하게 참여하기 위해, 주님의 몸을 분별하는 지식과 주님을 양식으로 삼는 믿음과 회개와 사랑과 새로운 순종함이 있는지 스스로를 살피며, 합당하지 않게 와서 자신의 심판을 먹고 마시는 일이 없도록 해야 합니다.

읽어 봅시다

고린도전서 11:23-29

성찬은 주님께서 직접 제정하신 예식입니다. 주님께서는 빵과 포도주로 자신의 살이 찢기고 피를 흘리실 것을 보여주시며 이는 우리의 죄사함을 위해서임을 알리셨습니다. 성찬에 참여하는 사람은 마땅히 자기를 살핀 후에 성찬에 합당한지 확인하고 합당하게 참여해야 합니다.

- 세례 받은 사람은 성찬에 참여할 특권이 생깁니다. 가장 최근에 성찬에 참여한 것은 언제입니까? 성찬의 빵과 포도주를 먹고 마시며 무슨 생각을 했습니까?

성찬

- 성찬은 주님께서 우리에게 주시는 영적인 양식입니다. 그분은 자신의 살이 찢기고 피를 흘리심으로 우리의 죄를 대신하셨습니다. 그러므로 성찬식에서 빵을 찢고 포도주를 붓는 모습을 보면서 주님의 희생을 생각해야 하며, 그 희생을 통해 우리에게 베푸신 구원의 은혜에 감사해야 하며, 그에 참여해 희생의 삶을 살아야 함을 기억해야 합니다. 믿음으로 성찬에 참여합시다.

1. 성찬은 주님이 직접 제정하신 의식이라고 합니다. 누가복음 22:19~20을 읽고 이를 확인합시다.

2. 요한복음 6:53~57을 잘 읽고 아래에 옮겨 써봅시다.

3. 고린도전서 10:16~17을 읽고 성찬에 참여하는 우리들은 서로 어떤 관계인지 생각해 보고 우리 공동체가 그런 공동체인지 이야기해 봅시다.

- 예수님께서 떡을 주시며 이는 내 몸이라 말씀하시고 포도주를 주시며 이는 내

피라고 말씀하셨지만 이는 실제로 빵이 살로, 포도주가 피로 변한다는 뜻이 아닙니다. 주님께서는 성찬식하는 무리 위에 영적으로 임하시고 우리는 그분의 살과 피의 상징에 동참함으로 그분의 죽으심에 참여하는 것입니다.

성찬을 합당하게 받기 위해

• 성찬은 그리스도의 죽으심을 상징하며 그분의 찢긴 살과 흘린 피를 상징적으로 보여줍니다. 장례식장에서 웃고 떠들며 즐겁게 있을 수 없듯이 주님의 성찬에도 경건하고 조심스럽게 참여해야 합니다. 소요리문답은 주님의 몸을 깨닫는, 즉 주님을 아는 지식과 함께 회개와 사랑과 새로운 순종에 합당한지 스스로를 살핀 후에야 성찬에 참여해야 한다고 가르칩니다. 이에 합당하지 않게 와서 먹고 마신다면 그것은 자신의 심판을 먹고 마시는 것이라고 합니다.

1. 성찬을 위해 어떤 점에서 자신을 살펴야 할까요? 다음 구절들을 통해 알아봅시다.

    (1) 고린도전서 11:29

    (2) 고린도후서 13:5

    (3) 고린도전서 11:31

    (4) 고린도전서 5:8

2. 성만찬에 참여할 수 있는 자격에 대해 설명하는 하이델베르크 요리문답 81, 82문을 읽어 보고 나에게는 성만찬에 참여할 자격이 있는지 생각해 봅시다.

81문 성만찬에는 누가 참여할 수 있습니까?

답 자신의 죄를 인식하고 자신을 불만스럽게 여기고 그럼에도 불구하고 자신의 죄가 용서되었으며, 남아 있는 연약함도 그리스도의 고난과 죽음에 의해 가려진다는 것을 믿고, 자신의 신앙이 더욱 성장해서 거룩한 삶을 살기를 소원하는 모든 사람이 참여해야 합니다. 그러나 위선자들이나 회개하지 않은 사람은 자신들의 심판을 먹고 마시는 것이 됩니다.

82문 말과 행위로 불신앙과 불경건을 드러내는 사람들을 성만찬에 참여하게 해도 됩니까?

답 안 됩니다. 그것은 하나님의 언약을 무시하는 일이며 전 회중에게 하나님의 진노를 초래하는 일입니다. 그러므로 그리스도와 사도들의 교훈을 따라서 그리스도의 교회는 천국의 열쇠를 공적으로 사용하여 그들의 삶이 변화할 때까지는 그들을 배제시켜야 할 의무가 있습니다.

정리해 봅시다

(   )은 그리스도께서 직접 제정하신 성례로서 그리스도의 (   )이 찢기고 (   )가 부어졌음을 상징적으로 보여주는 예식입니다. 우리는 자신을 (   ) 그 후에야 합당하게 참여해야 합니다.

실천해 봅시다

주의 성찬에 참여함은 그리스도의 고난에 참여하는 것입니다. 나를 위하여 살이 찢기고 피를 흘리신 주님의 은혜를 생각하며 감사함으로 경건한 한 주를 보냅시다.

그리스도의 방법, 기도

제98문 기도란 무엇입니까?

답 기도란 그리스도의 이름으로 우리의 소원을 하나님께 드리는 것인데, 곧 그분의 뜻에 합한 것을 구하고, 우리의 죄를 고백하며, 그분의 은혜를 감사함으로 깨닫는 것입니다.

제99문 기도의 지침으로 하나님께서 우리에게 주신 규범은 무엇입니까?

답 하나님의 모든 말씀이 기도의 지침으로 유익하지만, 특별히 주신 규범은 그리스도께서 제자들에게 가르치신 기도의 형식으로, 보통 주기도문이라 부르는 것입니다.

읽어 봅시다

창세기 32:21~30

아내와 자식들과 많은 재물을 가지고 가나안으로 돌아오던 야곱은 형 에서가 두려워 여러 가지 수를 써두고 자신은 얍복강에서 홀로 남았다가 하나님을 만납니다. 그는 치열하게 하나님께 자신의 원하는 것을 구했으나 하나님은 도리어 그의 환도뼈를 치시고 그를 굴복시키십니다. 이 만남과 기도 이후 속이는 자였던 야곱은 신과 겨룬다는 의미의 이스라엘이라는 이름을 받습니다. 그 겨룸은 기도였습니다.

- 기도 응답을 받은 경험이 있습니까? 있다면 함께 나누어 봅시다. 혹시 자신의 기도를 하나님이 들어주지 않으셨다면 무슨 이유였을지도 생각해 봅시다.

기도

- 그리스도의 이름으로 기도한다는 말에는 커다란 의미가 담겨 있습니다. 그것은 '예수님의 이름으로 기도합니다'라는 문장을 습관적으로 기도 말미에 붙이라는 것이 아니라 예수님의 이름으로, 예수님의 뜻대로, 예수님의 원하시는 바를 구하라는 뜻입니다. 우리가 원하는 것을 쭉 나열하고 예수님의 이름으로 기도한다는 말을 덧붙인다고 해서 그것이 기도라고 생각해서는 안됩니다. 우리는 예수님의 뜻을 구해야 합니다.

1. 우리가 드리는 기도는 하나님께 무엇인가를 구하는 것입니다. 무엇을 얻기 위해서 기도해야 하는지 다음 구절들을 통해서 알아봅시다.

    (1) 부정적으로 : 야고보서 4:3

    (2) 긍정적으로 : 요한일서 5:14, 15

2. 하나님께서는 어떤 사람들의 기도에는 전혀 응답하시지 않으십니다. 어떤 사람의 기도에 침묵하시는지 다음 성경구절을 통해 알아보고 우리는 어떤 사람인지 생각해 봅시다.

    (1) 잠언 15:8

(2) 시편 66:18

3. 다음 성경의 구절들을 통해서 기도할 때 우리가 어떤 마음과 자세로 기도해야
   하는지 서로 이야기해 봅시다.

   (1) 히브리서 10:22

   (2) 시편 10:17

   (3) 야고보서 1:6

   (4) 야고보서 5:16

   (5) 누가복음 18:1

   (6) 미가서 7:7

주님께서 가르치신 기도

• 성경의 말씀들은 우리에게 기도를 가르치기에 유익합니다. 그러나 특별히 우리
  주 예수 그리스도께서는 우리에게 기도를 가르쳐 주시기 위해 특별한 모범을
  보이셨습니다. 우리는 이를 주기도문이라고 부릅니다. 우리가 드리는 모든 기도
  의 내용이 주기도문을 본받아야 합니다.

1. 다음 구절들을 읽고 성경이 우리에게 기도에 대해 무엇을 가르치는지 이야기해
   봅시다.

(1) 잠언 28:9

(2) 요한복음 15:7

(3) 요한일서 5:14

2. 마태복음 6:9~13에 주기도문이 등장합니다. 잘 읽어 보고 주기도문을 서론, 본론, 결론으로 구분해서 써봅시다.

(1) 서론 :

(2) 본론 :

(3) 결론 :

정리해 봅시다

(   )할 때 우리는 우리의 뜻이 아니라 (   )의 뜻을 구해야 합니다. 기도를 가르치기 위해서 예수님이 가르치신 기도의 표준은 (   )입니다.

실천해 봅시다

주기도문을 주문처럼 외우는 것은 옳지 않습니다. 그 의미를 새기면서 한 자 한 자 정성스럽게 기도해야 합니다. 일주일 간 아침, 저녁으로 주기도문의 기도를 하나님께 드리면서 그 의미를 생각해 봅시다.

주기도문 1

제100문 주기도문의 서론이 우리에게 가르치는 것은 무엇입니까?

답 주기도문의 서문, '하늘에 계신 우리 아버지여'는 우리에게 마치 자녀들이 아버지께 가까이 가듯 모든 거룩한 공경심과 신뢰를 가지고, 우리를 도울 수 있고 돕기 위해 준비하신 하나님께 가까이 갈 것을, 그리고 다른 사람들과 함께, 그들을 위해서 기도할 것을 가르칩니다.

제101문 첫 번째 간구로 우리가 기도해야 할 것은 무엇입니까?

답 '이름이 거룩히 여김을 받으시오며'라는 첫 번째 간구를 통해서 우리는, 하나님께서 자신을 알리시는 모든 일에서 우리와 다른 사람들로 하여금 그분께 영광 돌릴 수 있게 하시며, 또 그분께서 모든 것들을 자신의 영광을 위해서 처리해 주실 것을 기도합니다.

읽어 봅시다

마태복음 6:9~13

그러므로 너희는 이렇게 기도하라
하늘에 계신 우리 아버지여 이름이 거룩히 여김을 받으시오며
나라가 임하시오며 뜻이 하늘에서 이루어진 것 같이 땅에서도 이루어지이다
오늘 우리에게 일용할 양식을 주시옵고
우리가 우리에게 죄 지은 자를 사하여 준 것 같이 우리 죄를 사하여 주시옵고
우리를 시험에 들게 하지 마시옵고 다만 악에서 구하시옵소서
나라와 권세와 영광이 아버지께 영원히 있사옵나이다 아멘

• 한 주간 주기도문의 내용을 꼼꼼히 생각하며 기도했나요? 우선 첫 번째 부분에서 무엇을 구하라고 가르치시는지 서로 이야기해 봅시다.

주기도문의 서론, 하늘에 계신 우리 아버지여

• 주기도문은 '하늘에 계신 우리 아버지여'라는 고백으로 시작합니다. 이 고백은 하나님이 하늘에 계시며, 영광을 받으실 분이시며, 세상을 만드신 분이시며, 우리의 아버지가 되시며, 우리를 위해 좋은 것을 주시는 분이라는 고백입니다. 우리는 그분이 세상의 창조주이시며 우리의 아버지시기 때문에 그분께 기도할 수 있고, 그분의 뜻대로 구한다면 구한 것을 얻을 수 있다는 확신을 가집니다.

1. 전도서 5:2을 읽어 봅시다. 하나님에 대해 우리가 먼저 알아야 할 것은 무엇인지 서로 이야기해 보고, 그렇기 때문에 우리가 하나님 앞에서 먼저 취해야 할 태도에 대해서도 이야기해 봅시다. 그리고 우리는 그런 태도를 취하고 있는지 우리의 자세를 점검해 봅시다.

2. 다음 구절들을 통해서 하늘에 계신 하나님이 우리 아버지 되심의 의미를 생각하고 서로 이야기해 봅시다.

   (1) 마태복음 7:11

   (2) 에베소서 6:18

3. 우리는 타인과 함께 기도해야 할 뿐만 아니라 타인을 위해서도 기도해야 합니다. 구체적으로 누구를 위해 기도해야 할지 다음 구절들을 통해서 간단히 알아봅시다.

  (1) 사도행전 12:5

  (2) 에베소서 6:18

  (3) 디모데전서 2:1, 2

이름이 거룩히 여김을 받으시오며

• 우리는 이미 하나님의 성품과 능력, 그분의 하신 일들에 대해서 배웠습니다. 하나님의 이름은 그 모든 의미들을 담고 있는 이름입니다. 우리는 그분의 이름에 영광을 돌려야 합니다. 이는 그분의 성품, 능력, 하신 일, 이 모든 것에 영광을 돌려야 합니다. 소요리문답은 하나님이 우리에게 자신을 알리신 만큼 그분께 영광 돌릴 수 있고, 하나님 자신이 스스로 자신의 영광을 위하여 모든 일을 하신다고 가르칩니다. 우리는 하나님이 우리에게 알리시고, 하신 일만큼 그분의 뒤를 따르면 됩니다. 어렵지 않습니다.

1. 성경의 다음 구절들을 통해 하나님이 자신의 영광을 위해 하신 일들에 대해서 이야기해 봅시다.

  (1) 시편 67:1~3

  (2) 시편 100:3, 4

(3) 데살로니가후서 3:1

2. '이름이 거룩히 여김을 받으시오며'라고 기도하며 우리는 다음과 같은 기도를 함께 해야 합니다. 성경의 내용을 읽고 우리의 말로 고쳐 써봅시다.

(1) 시편 83:16, 18

(2) 로마서 11:36

정리해 봅시다
주기도문의 첫 두 가지 기도는 (   )와 (   )입니다. 이는 하나님이 (   )이시며 (   )가 되시고, 그분의 (   )을 위해 스스로 일하신다는 의미입니다.

실천해 봅시다
지난번에 공부했던 내용들을 다시 찾아서 하나님의 성품과 하신 일을 찾아서 적어 옵시다.

주기도문 2

제102문 두 번째 간구로 우리가 기도해야 할 것은 무엇입니까?

답 '나라가 임하시오며'라는 두 번째 간구를 통해서 우리는, 사탄의 나라가 멸망하며, 은혜의 나라가 임하여 우리와 다른 사람들이 그곳에 들어가 거하며, 영광의 나라가 속히 임하기를 기도합니다.

제103문 세 번째 간구로 우리가 기도해야 할 것은 무엇입니까?

답 '뜻이 하늘에서 이루어진 것 같이 땅에서도 이루어지이다'라는 세 번째 간구를 통해서 우리는, 하나님께서 자신의 은혜로, 우리로 능히 그리고 기쁘게, 하늘에서 천사들이 그러듯이 모든 일에 있어서 우리가 능히 그리고 기꺼이 그분의 뜻을 알고, 순종하고, 따르게 하실 것을 기도합니다.

읽어 봅시다

마태복음 6:9~13

그러므로 너희는 이렇게 기도하라
하늘에 계신 우리 아버지여 이름이 거룩히 여김을 받으시오며
나라가 임하시오며 뜻이 하늘에서 이루어진 것 같이 땅에서도 이루어지이다
오늘 우리에게 일용할 양식을 주시옵고
우리가 우리에게 죄 지은 자를 사하여 준 것 같이 우리 죄를 사하여 주시옵고
우리를 시험에 들게 하지 마시옵고 다만 악에서 구하시옵소서
나라와 권세와 영광이 아버지께 영원히 있사옵나이다 아멘

- '나라가 임하시오며', '뜻이 하늘에서 이루어진 것 같이 땅에서도 이루어지'시라는 기도는 어떤 의미가 있으며, 우리가 이를 위해 할 수 있는 일은 무엇일지 생각해 봅시다.

나라가 임하시오며

- 우리는 하나님나라가 임하실 것을 기도해야 합니다. '하나님나라'라는 주제는 대단히 방대하고, 알고 따라야 할 것이 많습니다. 소요리문답에서는 그중 가장 중요한 부분을 가르칩니다. 즉, 하나님나라가 임하여 죄로 가득한 이 땅을 지배하는 사탄의 나라가 멸망하기를, 우리가 하나님나라에 들어가서 거기 거하기를, 예수님의 재림으로 영광의 나라가 속히 임하기를 기도해야 합니다.

1. 다음 구절들을 통해 하나님나라의 특징은 무엇이며 우리는 그 나라 백성으로 어떻게 해야 할지 알아보고 서로 이야기해 봅시다.

    (1) 요한일서 3:8

    (2) 사도행전 26:17, 18

    (3) 베드로전서 5:10

2. 하나님나라는 눈에 보이지 않지만 이미 이 땅에 이루어졌습니다. 우리는 그 나라의 백성으로 살아야 합니다. 어떻게 해야 할지를 가르치는 다음 성경구절들을 찾아서 정리하고 그 나라 백성으로 살아가기 위해 노력합시다.

(1) 시편 119:5

(2) 요한복음 17:20

(3) 데살로니가후서 3:1~5

뜻이 하늘에서 이루어진 것 같이 땅에서도 이루어지이다

- 주기도문의 세 번째 간구는 하나님의 뜻이 하늘에서 이루어진 것 같이 땅에서
도 이루어질 것을 기도하는 것입니다. 소요리문답은 하나님의 뜻이 이 땅에 이
루어질 수 있는 방법을 제시합니다. 그것은 우리가 하나님의 뜻을 알고 순종하
며 따르는 것입니다. 그런데 그것은 억지로 그렇게 하는 것이 아니라 기쁘게 스
스로 해야 합니다. 하나님께서는 우리에게 그렇게 하실 능력을 주십니다. 그분
의 은혜로 우리는 하나님의 뜻을 알고 기쁘게 순종하고 따를 수 있습니다. 모
든 것은 하나님의 은혜입니다.

1. 욥은 극심한 고난 가운데서도 하나님의 은혜와 주되심을 고백했습니다. 욥기
12:1을 읽어 보고 우리도 동일한 고백을 하고 있는지 자신의 상태를 점검해 봅
시다.

2. 성경이 우리에게 가르치는 하나님의 뜻이 무엇인지 다음 구절들을 통해 가장
중요한 두 가지를 알아봅시다. 그리고 우리는 기꺼이 그 뜻에 따르고 있는지 확
인하고 결단하는 시간을 가집시다.

(1) 시편 119:1~8

(2) 베드로전서 3:17

3. 하나님의 뜻을 구하기 위해 우리가 함께 기도해야 할 내용을 다음 성경의 구절
들을 통해 알아봅시다.

(1) 골로새서 1:9

(2) 에스겔 36:27

정리해 봅시다

주기도문의 두 번째 간구는 하나님의 (   )가 이 땅이 이루어지기를 구하는
것이며 이는 우리의 (   )을 통해서 이루어질 수 있습니다. 세 번째 간구
는 하나님의 (   )이 이 땅에 이루어지기를 기도하는 것인데, (   )
과 (   )이 가장 중요한 하나님의 뜻입니다.

실천해 봅시다

두 번째, 세 번째 간구의 핵심은 우리의 순종에 있다고도 말할 수 있습니다. 일주
일 간 읽은 말씀에 얼마나 순종하는지 점검하고 기쁜 마음으로 하나님의 말씀에
순종하게 해달라고 기도하는 한 주를 보냅시다.

주기도문 3

제104문 네 번째 간구로 우리가 기도해야 할 것은 무엇입니까?

답 '오늘 우리에게 일용할 양식을 주시옵고'라는 네 번째 간구를 통해서 우리는, 이 세상의 좋은 것들 가운데서 충분한 분량을 하나님이 거저 주시는 선물로 우리에게 받게 해주시며 또한 이와 함께 주시는 하나님 의 복을 우리가 누릴 수 있기를 기도합니다.

제105문 다섯 번째 간구로 우리가 기도해야 할 것은 무엇입니까?

답 '우리가 우리에게 죄 지은 사하여 준 것 같이 우리 죄를 사하여 주옵시 고'라는 다섯 번째 간구를 통해 우리는, 하나님께서 그리스도를 이유 로 우리의 모든 죄를 값없이 용서해 주시기를 기도합니다. 그 은혜로 인해 우리가 다른 사람들을 진심으로 용서할 수 있기에 더욱 담대히 구합니다.

읽어 봅시다
마태복음 6:9~13

그러므로 너희는 이렇게 기도하라
하늘에 계신 우리 아버지여 이름이 거룩히 여김을 받으시오며
나라가 임하시오며 뜻이 하늘에서 이루어진 것 같이 땅에서도 이루어지이다
오늘 우리에게 일용할 양식을 주시옵고
우리가 우리에게 죄 지은 자를 사하여 준 것 같이 우리 죄를 사하여 주시옵고
우리를 시험에 들게 하지 마시옵고 다만 악에서 구하시옵소서
나라와 권세와 영광이 아버지께 영원히 있사옵나이다 아멘

• 용서를 좋아하나요, 아니면 미워하기를 더 좋아하나요? 실제로 용서를 잘 합니까, 아니면 미워하기를 더 잘 합니까? 서로 이야기해 봅시다.

오늘 우리에게 일용할 양식을 주시옵고

• 주기도문 후반부는 관심이 우리에게로 돌려지며, 우리의 것을 구하게 됩니다. 그 첫 번째는 일용할 양식을 주시라는 기도입니다. 우리는 하나님께 좋은 것을 주시기를 기도해야 합니다. 그런데 그것은 넘치도록 많은 것이 아니라 일용할 양식입니다. 하루하루의 양식이 있고, 살아갈 자원이 있으면 만족할 줄 알고 그것으로 하나님을 찬양할 수 있어야 합니다.

1. 잠언 30:8, 9을 찾아서 읽고 외우고, 우리 인생의 기도가 될 수 있게 합시다.

2. 우리가 하나님께 일용할 양식을 구해야 함을 가르치는 성경구절을 찾아보고 가난하거나 부요하거나 상관없이 그분께 구해야 하는 이유를 서로 이야기해 봅시다.

    (1) 시편 34:10

    (2) 출애굽기 23:25

3. 우리의 상황과 먹고 입고 쓰는 것에 만족하고 감사할 줄 알아야 함을 가르치는

빌립보서 4:11~13을 찾아서 읽고 아래에 써봅시다.

우리가 우리에게 죄 지은 자를 사하여 준 것 같이 우리 죄를 사하여 주시옵고

• 우리가 간구해야 할 다섯 번째 간구는 죄사함에 관한 것입니다. 우리는 날마다 하나님께 우리의 죄를 사해 주실 것을 기도해야 합니다. 하나님은 은혜로 값없이 우리를 용서해 주십니다. 그런데 거기에는 전제가 있습니다. 우리는 우리에게 죄 지은 자들을 먼저 용서해 줘야 합니다. 하나님께 내 죄 용서를 구하기 전에 먼저 우리에게 죄 지은 자들을 용서합시다.

1. 다음 성경의 구절들을 찾아서 읽어 보고 우리에게 주시는 하나님의 용서가 무엇을 근거하고 있는지 이야기해 봅시다.

    (1) 시편 51:7

    (2) 다니엘 9:19

    (1) 요한일서 1:7, 하단

2. 다음 구절들을 통해서 남을 용서하는 것이 어떠해야 하는지 알아봅시다.

    (1) 마태복음 6:14, 15

    (2) 마태복음 18:21~35

(3) 에베소서 4:32

3. 특별히 마태복음 6:14에서는 남을 용서하는 자들이 하나님의 용서를 받을 수 있는 이유를 설명해 주고 있습니다. 그 이유가 무엇인지 생각해 봅시다.

정리해 봅시다

주기도문은 우리가 일용할 (   )을 구할 것을 가르칩니다. 또한 하나님으로부터 (   ) 받기 위해 먼저 남을 (   )해야 할 것을 가르칩니다.

실천해 봅시다

1. 지금 가진 것에 만족합니까? 혹시 가진 것이 많다면 남을 위해 어떻게 나눌 수 있을지 생각해 보고 실천합시다. 혹시 가진 것이 적다면 하나님께 일용할 양식을 달라고 기도하는 한 주가 됩시다.

2. 마음으로 미워하는 사람이 있다면 용기를 내서 먼저 찾아가 용서를 구하고 미워하는 마음을 씻어냅시다.

주기도문 4

제106문 여섯 번째 간구로 우리가 기도해야 할 것은 무엇입니까?

답 '우리를 시험에 들게 하지 마시옵고 다만 악에서 구하시옵소서'라는 여섯 번째 간구를 통해 우리는, 하나님이 우리를 죄의 유혹으로부터 지켜 주시며 시험당할 때에 우리를 도와주시고 구해 주시기를 기도합니다.

제107문 주기도문의 결론이 우리에게 가르치는 것은 무엇입니까?

답 '나라와 권세와 영광이 아버지께 영원히 있사옵나이다 아멘'이라는 주기도문의 결론은 오직 하나님께 기도함으로 용기를 얻을 것을, 기도중에 그를 찬양하며, 나라와 권세와 영광을 그분께 돌릴 것을 가르칩니다. 그리고 우리의 간구를 그분이 들으실 것을 확신한다는 증거로 아멘이라고 말합니다.

읽어 봅시다
마태복음 6:9~13

그러므로 너희는 이렇게 기도하라
하늘에 계신 우리 아버지여 이름이 거룩히 여김을 받으시오며
나라가 임하시오며 뜻이 하늘에서 이루어진 것 같이 땅에서도 이루어지이다
오늘 우리에게 일용할 양식을 주시옵고
우리가 우리에게 죄 지은 자를 사하여 준 것 같이 우리 죄를 사하여 주시옵고
우리를 시험에 들게 하지 마시옵고 다만 악에서 구하시옵소서
나라와 권세와 영광이 아버지께 영원히 있사옵나이다 아멘

• 우리의 기도는 하나님을 찬양하며 나라와 권세와 영광을 그분께 돌리는 기도입니까? 우리가 원하는 것을 기도하는 것이 아니라 하나님의 영광을 위한 기도를 하나님께 드립시다.

우리를 시험에 들게 하지 마시옵고 다만 악에서 구하시옵소서

• 우리는 살면서 때때로 시험에 들 때가 있습니다. 아무리 믿음이 좋은 사람이라 하더라도 살면서 가끔은 그 믿음이 흔들리고 괴로움에 빠질 때가 있습니다. 그럴 때 어떻게 해야 할까요? 주기도문은 시험에 들지 말게 해주실 것을 기도하라고 가르칩니다. 우리는 어려운 일로 시험에 빠지지 않게 되기를, 반대로 좋은 일을 만나 교만해지는 악에 빠지지 않게 해주시기를 하나님께 구해야 합니다.

1. 시험에 들지 말게 해달라는 다음 성경구절들을 찾아서 읽고 각각 어떤 의미가 있는지 생각해 봅시다. 그리고 그러한 기도를 하나님께 드립시다.

   (1) 시편 19:13(고범죄: 고의로 짓는 죄)

   (2) 마태복음 26:41

   (3) 야고보서 1:13~15

2. 성경은 우리가 악에 빠지지 않기 위한 방법을 가르쳐 주고 있습니다. 다음 구절들을 찾아서 읽어 보고 각각 어떤 방법을 제시하는지 이야기해 봅시다.

   (1) 시편 51:10

(2) 누가복음 22:32

(3) 고린도후서 12:7~9

3. 히브리서 2:18은 그리스도께서 시험당하는 우리들을 도와주실 능력을 가지고 계심을 알려줍니다. 어떻게 그리스도께서 우리가 시험받을 때 도와주실 수 있는지 생각해 보고 외우도록 합시다.

나라와 권세와 영광이 아버지께 영원히 있사옵나이다 아멘

• 주기도문은 모든 나라와 권세와 영광이 하나님 아버지께 영원히 있다는 고백으로 결론짓습니다. 주기도문의 가르침대로 모든 기도의 핵심은 하나님의 영광에 있음을 다시 한번 선언하고 있습니다. 이 말씀에 비추어 우리의 기도를 점검해야 합니다. 우리는 하나님께 영광 돌리는 기도를 드리고 있습니까? 우리는 세상의 모든 나라, 세상의 모든 것이 하나님의 것임을 인정하는 기도를 드리고 있습니까? 우리는 인생의 가장 중요한 목적이 하나님의 영광임을 인정하는 기도를 드리고 있습니까? 웨스트민스터 소요리문답은 결국 하나님의 영광으로 시작해서 하나님의 영광으로 끝나고 있습니다. 이 모든 공부를 마치면서 다시 한번 우리의 모든 삶의 목적과 방향을 하나님의 영광에 두고 살기를 다짐합시다.

1. 로마서 11:36을 읽고 '모든 나라'가 하나님께 있다는 고백이 어떤 의미인지 알아봅시다. 그리고 우리 삶에 이를 실천하기 위해 어떻게 해야 할지 서로 이야기해 봅시다.

2. '아멘'은 그대로 될 것이라는 믿음의 고백입니다. 아멘으로 맺을 수 있는 기도를 드리기 위해 우리 기도의 내용이 어떠해야 할지 서로 이야기하고 그런 기도를 드립시다.

정리해 봅시다
주기도문은 모든 (   )와 (   )와 (   )이 하나님께 있음을 고백하며 마무리짓습니다. 이는 우리가 모든 (   )을 오직 하나님께만 돌려야 함을 의미합니다.

웨스트민스터 소요리문답을 마치면서
지난 일 년 간 웨스트민스터 소요리문답을 공부하느라 고생이 많았습니다. 첫 번째 문항부터 마지막 문항까지 웨스트민스터 소요리문답을 관통하는 한 가지 주제는 바로 '하나님의 영광'입니다. 이 공부를 마친 우리는 하나님의 은혜로 하나님의 영광을 위해 살도록 기도하면서 노력합시다. 수고하셨습니다!

저자 **정요한**

총신대학교 신학과 동대학원 기독교교육학 석사, 프랑스 스트라스부르2대학, 고등연구원에서 수학,
현 프랑스 아미엥 쥘 베른 대학 교육학 박사과정, 총체적복음사역 연구소 연구원, 간사,
대한예수교장로회 엘림교회 중고등부 담당.

삶을 바꾸는 소요리 성경공부 그리스도인의 신앙생활

초판 1쇄 발행일 | 2015년 1월 22일
초판 2쇄 발행일 | 2018년 10월12일

지은이 | 정요한
펴낸이 | 김학룡
펴낸곳 | 엔크리스토
마케팅 | 유영진, 조형준
관리부 | 박상진, 김정구, 신순영

출판등록 | 2004년 12월 8일(제2004-116호)
주   소 | 경기도 고양시 일산동구 장항동 585-2
전   화 | (031)906-9191 팩스 | 0505-365-9191
이 메 일 | books9191@naver.com
공 급 처 | 기독교출판유통 전화(031)906-9191 팩스0505-365-9191

ISBN 979-11-5594-018-1 04230
        979-11-5594-009-9 (세트)

잘못된 책은 바꾸어 드립니다.
책값은 뒤표지에 있습니다 .